JN410622

담소의 낭만

금다혜 제2시집

담소의 낭만

초판1쇄 발행 2023년 12월 28일

지은이 금다혜
펴낸이 이길안
펴낸곳 세종출판사

주소 부산광역시 중구 흑교로 71번길 12 (보수동2가)
전화 463－5898, 253－2213~5
팩스 248－4880
전자우편 sjpl5898@daum.net
출판등록 제02-01-96

ISBN 979-11-5979-657-9 03810

정가 12,000원

본 도서는 Korean Artists Welfare Foundation 한국예술인복지재단에서 2023년
창작준비금지원사업-창작디딤돌 지원을 받아 발간하였습니다.

담소의 낭만

금다혜 제2시집

세종출판사

시인의 말

두 번째 출산이다
산고를 겪으면서
또
시작이라는 생각에
연필을 깎는다
막연하지 않는
나의 동행,
시詩에 감사한다

차례

제1부

제2부

제3부

제4부

제5부

제1부

시詩의 변수

카페에서
그대와 마시는
커피가 쓰다

달달한 맛을 원하는 것은 아니지만
원액의 쓴맛은
달콤한 잠을 들고 달아난다

서로 이해하는 도수가 맞지 않는 날
커피 잔을 식히는 대화는
차가운 침묵이다

냉담이 끝나다

돌아가는 것은
직진하는 것보다 어렵다

액셀을 신나게 밟다가
브레이크를 밟는 그 순간을 놓친 후
냉담한 시간이 길었다

나의 집으로 가는 길
때로는 낯설기도 하다
왜?
나의 집으로 가는 길인데?

그대 곁으로 가는 길은
언제나 열려 있었는데
외면한 적 없이 항상 열어 둔
나의 집으로 가는 길
왜 이렇게 늦었을까

그대 곁으로 이제는 돌아가리라
고해성사를 하러 나가는 마음
천사의 걸음이라 말해 주는
성당의 종소리가 깊게 울린다

집으로 가는 길

폰을 분실하면
마치 집으로 가는 길을 잃은 것처럼
허둥대기 십상이다

을숙도 공원에서 산책하다가
풀섶에 박힌
폰 하나
주인을 찾지 못해 잠시 보관했다

울리는 폰
부리나케 받았더니
마침 가까운 이웃이다

허리를 구십 도까지 꺾는 어르신의 행동에
당황한 나의 허리도
엉겁결에 직각으로 꺾였다

그는 폰을 받자마자
귀한 자식을 쓰다듬듯 이리저리
쓰다듬으며 긴장을 놓았다

남의 일 같지 않아서
울컥한 마음은
가볍게 돌아가는 뒷모습에도

며칠 동안 표현할 수 없는
슬픔이 되어
아렸다

보다, 그리운 삶

울산 대왕암 출렁다리 위
가운데쯤
바다 빛깔이 진하다

많은 사람들이 자연스럽게
중심을 잡고
스쳐 오가는데
눈을 감고 마음을 다진다

흔들리면서 살던 삶
출렁거리면 어지러워서 살 수 없다
지금은 어지러움을 즐겨야지

눈치채지 못한
일행들이 뒤돌아보며
오라고 빨리 오라고

출렁거릴 때마다
삶의 관절이 표정을 찡그리며
통증을 호소한다

갈매기의 날개라도 빌리고 싶다
흔들림에 적응하고 살던
삶의 무지개가 있는 저기 다리 끝 넘어

가야 한다
가야 한다
어지러운 멀미를 참아내고

거미

내려앉은 물안개가
몽환적 상상의 세계로 이끈다

마치 신세계의 꿈을 꾸는 듯한
거미줄 안의
거미 한 마리
간밤에 맺힌 이슬방울에
통째로 반짝인다

낙동강이
하얀 낯을 드러내기까지
아침은
햇살을 나뭇가지로 밀어내고

촉촉이 내린
이슬이 떠나기까지

물안개는 서서히 옷을 말리고
거미는
집을 짓는다

담소의 낭만

아침 시간에
적당하게 물든
흰 머리카락을 날려도 아름다운
사람들이 모였다

걷기라도 하자 한
약속을 빗방울이 먼저
눈치챘다

발걸음 쫓는 행색에 몰려
그늘 집 아래로 모여든 사람들
서로
비에 젖은 어깨를 털어주며

무례한 빗줄기가
설마
즐기는 담소까지 훼방 놓지 않겠지

기대를 알아챈 듯 걷히는
빗방울
피아노 건반을 두드린다

강물처럼 흐르며 살고 싶다

새벽보다
먼저
을숙도에 닿았다

키 작은 바람
수풀 위에서
이슬로 또르르 구르고

지저귀는 새
분주한 날갯짓
허공을 가르고 있다

사는 일이란
이처럼 조용하지 않는데
그저 강물처럼 흐르며 살고 싶다

파래

거제도 황포에 갔다
겨울 바다가 바닷물을 빼가는
썰물 시간에 드러나는 바위들

파랗다 못해 까맣게 보이는
파래가 반갑다

"엄마야 우짤라꼬 파래가 이렇게 많노"
팔소매를 걷어 올리고
뜯었다

소쿠리에 담아 빡빡 문댈수록
파랗게 살아나면서 내뿜는
바다의 짭조름한 유혹에
출렁거리는 웃음꽃

어릴 적에 먹던 맛을 내느라
간장에다 마지막 씻고
불끈 짠 파래에다 식초 한 방울

일미다
식탁 위에 파랗게 살아난 바다

군자란처럼

코로나19로 어수선한 바깥은
삼가고 경계하여
집 안에 머물다가

꽃대 여럿 올리는
군자란을 돌봤더니

하루가 멀다 하고
뿜어내는 황금빛 어여쁘다

살다 보면
이런 날
머지않고 있는 것을

참자
참자
조금만 더

거리를 두고
너를 보아도
활짝 날개를 펴라 군자란처럼

여름이 사는 법

방충망에 발바닥을 딱 붙이고
허공을 대고 운다

장마가 끝난
하루의 뒤안
급하게 오른 열대야가
뜨겁다

울어서 시원하면
울어야지
밤을 달구어야 하면
달구어야지

책을 읽기도
음악을 듣기도
안절부절못하게 하는 폭염이지만

여름이
그래야지
제대로 사는 게지

한 뼘 차이

냉동실을 점검한다
금세 만들 거라고 밀어 두고
잊고 있었던 것들이 빼꼼하다
수시로
관심이 열고 닫는 냉장실과
한 뼘 차이

그러나 너무나
낯 다른 두 공간을 보며
나의 현재를 돌아봤다

관심의 차이가
거리의 차이를 극복하지 못하여
나에게서 사라진 것들이
얼마나 많은지

오래 잊고 있었던
친구에게
폰을 누른다. 한 뼘 차이도 아닌
손끝의 소원함에서
우리 사이가 너무 멀어졌다

게

갯벌 냄새가 아직 풍기는
게
서너 움큼 샀다

작은 걸 얕봤다고
만진 손끝마다 상처를 내는
고약함이 있다

부글부글 속을 끓이듯
간장을 끓이고
양파랑 고추를 쓱쓱
썰어 넣는 동안

죽은 듯이
기척이 없는
게

기 싸움에 밀려
죽은 척하고 있겠지
등짝이 팔딱거리고 있다

성급한 가을

무화과를 샀다
얼른 충동대로 껍질을 벗겨

꽃에다 입을 댔다
달콤함이 사라진 성급함
미각이 기억하던
그것이 없다

아직
물들지 않은 꽃과의
대면에
서두르는 가을이 새겨졌다

금오도

여수에서
자라 속으로 들어가는 여객선을 탔다
자동차까지 수십 대 실은
무게 때문인지 포물선이 컸다
자라 속 가을을 보러가는 사람들을 위해
하늘은 쾌청하여
바다에 내려와 있다

자라가 큰 만큼
큰 산봉우리 세 개 굵직하여
내어준 둘레길 다 걸을 수 없어
경사가 완만한 코스 하나를 선택했다

가을바람은 바닷바람과 어울려
암석해안을 타고 오르다가
멈추기도 하는 애교를 부리고

리아스식 해안으로 물결치는
파도는 암석보다 더 하얗게
그러나 복잡하지 않게
밀려갔다 밀려오는 질서를 보였다

해안의 풍광에
환호를 보내는 웃음꽃이 만발한
둘레길 위에서
무르익어 가는 금오도의 가을이 보였다

제2부

꺾이는 여름같이

여름이 한 풀 꺾이는가 보다

방충망을 통해 들어오는
바람이 불현듯 살갑다
이만하면 사는데

한숨이 꺾이고 시원하다

3년 동안 쉬던 가게의 문을 닦으며
땀인지
눈물인지

눈물이 꺾이는 여름이다

범벅이 된 쓰라림에
가슴이 먹먹하다

거리두기와 겹친 비대면 속에
나의 기원은 오롯이
눈물과 한숨 꺾기다

초여름 그 하루

영덕 옥계계곡을 향하는 마음
길가에 핀
여름 꽃처럼 피어
시원한 가도를 달렸다

하늘은
구름조차도 숨겨두고
파랗다 못해 새파란 옥빛

계곡의 물소리는
수풀 햇살에
그대로 하늘빛을 받쳐 들고 있다

하얀 발보다
하얀 바위에서 떨어지는 물
진주 빛에 터지는 감탄사

여름이다
짙은 물보라의 보석이
눈부신 여름이다

적당히

텃밭에서
한 해 농사는 그럭저럭했다
수시로
김칫거리 배추를 뽑았고
반찬거리 겨울초도 그럭저럭했다

가까운 이웃과 가끔 나누고
상추 소쿠리가 넘칠 때
쌈장 만들어 또 나누고
내가 나눌 수 있는
작은 것 그것만
적당히
있어도
참 살맛 난다
올해 텃밭 농사에

가수 금다윤

어릴 적부터
노래 부르기를 즐겼던
예쁜 동생
드디어 가수가 되었다

날고 싶었던 새
가벼운 날개를 달았으니
더 높이 더 멀리멀리 잘 날아서
방방곡곡에서 앵-콜이 나오기를 바라는
언니의 마음은
그녀의 앞날에 등불을 켜고 기원한다

'거짓이었나'
'두 번 다시'
'비익조' 등 사랑스런 그녀의 목소리
타고난 노래솜씨를 즐겨 듣게 된 요즘
나는
가수 금다윤의 극성팬이다

어떤 이별

6주의 시간을
병상에서 보내고 나오니
화사하게 피고 지고 하던
꽃들이 시들해져 있다

물 주던 일을 대신한
친구가 있었음에도
정성도 다르지 않았을 텐데
내 마음이 먼저 서운하다

꽃 없는 화분을 정리하면서
병원에 있을 때보다
느껴지는 허무에
욱신거리는 수술 자리를 눌렀다

죽은 꽃나무의 흔적을 걷어내는
작업이 쉽지 않았다
그것도 정情이라고

문득

코로나19가 아직 종식되지 않았다
그러나 끝이 보인다고 하니까
끝을 기다릴 수밖에 없다

대면을 해야 되는 일인데
비대면으로 전환하라고 하면
한 번도 겪어보지 않은 일이라
눈앞이 깜깜했다

긴 터널, 끝이 저기라고 하는데
긴장이 풀린다
다리에 근육을 올리고 걸어 나가야 한다

틈마다 바람까지 새어나오던
틈을 어떻게 막아가며 살아왔는지
마스크가 해제되던 날

하염없이 허공을 쳐다봤다
별똥별이 떨어지고 있었다

가을 느낌

이름을 몰라서
불러주지 못하는
가을꽃 손짓에 언덕을 올랐다

높아진 하늘의 품은 넓어져
구름을 한껏 띄우고
바람은 옷깃으로 단풍을 물들인다

유난히 가을에 젖어든
강물의 언덕에서

그리움 내려앉는 서녘이 되어
뉘엿뉘엿 기우는
해를 멀리하고

홀로
사색을 읽는
가을 언덕
단순하고 행복하다

시간의 낭만을 만나다

P교수를 초대했다
황금색상 원피스를 입고 온
그녀는
가을 여자였다

탕수육을 준비한 식탁에
밭에서 공수되어 온
무공해 채소가
들러리를 잘 섰다

커피 한 잔의 취향도
멋져 보이는
오늘
귀뚜라미가 제법 귀뚤귀뚤 운다

가을이다
풀벌레의 교향곡이 어울려
징검다리를 걸고 있는
시간을 잊은 낭만에 빠졌다

배냇골의 서정

가을 단풍은
골짜기를 따라
유유자적하게
고운 모습을 물 짓고 있다

간간이
들려오는 계곡의 물소리에
가을은
시린 발을 담구고 있다

더 깊게
물드는
물

나의 서정은
언뜻
숨겼던 눈물을 꺼냈다

세월

나뭇잎 떨어지는
바람이 불면
옛 생각에
그리워지는 당신입니다

낙엽을 밟는 소리에
물들어 가던
옛이야기에 시간 가는 줄 몰랐던
그때가
그리워지는 것은 가을이기 때문입니까

청명한 하늘에
해거름이 앉으면
서둘러 집으로 함께 돌아가던
그때는
어머니, 당신은 참 고왔습니다

낙엽이 자꾸 스러져 가는
길 위에서
바람이 불면
당신이 그리워 낙엽 지는 줄 모릅니다

시월의 마지막 날

시월의 마지막 날이면
가수 이용은 종일 우리 집에 있다
물론 다른 집에도 있겠지
내 이웃에도
전국 방방곡곡에 있겠지만
상관없다
가수의 목소리를 시간을 물러가며
듣는
오늘은 2023년 시월의 마지막 날
밤이 아니면 어때서
쓸쓸함과 이별이
밤에만 오는 것이 아니지 않는가
가사를 새겨듣는
한가함이 있는 오후
코로나로 즐기지 못한 평화와 함께
이용의 목소리에 젖어든다

김장 일기

밭농사를 여물게 짓는
친구의 호출을 받고
부리나케 갔다

잘생긴 배추 열 포기
굵은 소금을 쫙쫙 뿌려
아파트로 싣고 왔다

봉지 속에서 이리저리 굴린
비좁은 몸 비틀기에
풀이 푹 죽은 배추

검은 눈알을 굴리는
새우 떼 멸치 떼 삭은 젓갈에
적당한 고춧가루로
가을처럼 물을 들였다

돌돌 말아서
한입 넣어 주시던
어머니의 손맛이 나올까
햇살이 해를 넘지 않고 서성인다

동짓날

지난여름
너무 뜨겁게 지냈던 꽃
동짓달에 몸살이 심하다
잎사귀가
갈색 끝에서 돌아오지 않고
사철 푸르러야 할 것을
잊고 있다
중간을 싹둑 잘라
물에 담가
다시 뿌리를 내릴까 하다가도
조금만 더 기다려 보자 하는
마음에
가위 든 손을 거둔다
병든 뿌리 때문에
끝으로 칭칭 감아 놓은 것을
풀면서
봄까지만
나를 다지며 재생을 기다린다

제3부

이런저런 생각

바이러스가 사라지기를
간절히 바라는 마음에
새 달력을 서둘러 걸었다

쓸데없는 것들의 습격으로
산산조각 나는 일상의 시간들이
암울하고 아프다

경련이 일어나다
행복이 사라져가는
나라 이웃들의 모습에

차린
식탁이 외롭다
부드러워도 왠지

목구멍에 걸리는 묵
다람쥐의 눈물이 떠오른다

정물화

그림 한 장 그렸다
대나무로 엮은 소쿠리에다
사과 두어 개
단감 댓 개
감귤 서너 개를 흩어 놓고
나의 결실이듯
식탁에 얹어 놓고

가을에 먹으면 보약이라는
무를 채 썰어 무친 나물에
식초 몇 방울 떨어뜨려
군침이 도는 젓가락질을 멈출 수 없는
식욕을 돋우는 데 한몫하는
그림이다

그냥 보고만 있을 수 없어
학창시절의 미술시간으로 돌아가
그려본 정물화
명암도 없고 색채도 없이 그린
서투른 연필 선이지만
사각사각 되살아나는
추억이 있다

사진 속의 길을 걸으며

바깥은 눈이 오려는지
잔뜩 찌푸리고 있다

커피 한 잔으로
마음속 벽난로에 불을 지핀다

낡은 흑백 사진 서너 장
컬러 사진보다 앞선
세월을 말하는
시간이 아련하다

추억은 아득한 시간을
시위를 떠난 화살처럼
날아들게 한다

눈이 내린다
조금조금 소리 없이 창밖을 울린다

호접란을 보며

사는 것이란
서로 의지하는 것이다

긴 꽃대와
받쳐주는 지렛대
둘의 앙상블이 아름답다

부드러운 미소에
굳이 향기까지 전하기를 바라면
꽃을 향한 지나친 바람 아닐까

없다
후각을 자극하는 것

그러나
나비, 나비, 나비

벚꽃 길

봄빛
걷는 길

함께하는
너와 나

까르르
피는 웃음길

청춘의 향기
여기에 있다

양산에서, 기행

최치원 선생의 발자취를
양산에서 기행 중에
눈에 띄는 누각에 올라
천하제일의 거울을 보는 것이다

소나무가 키 자랑을 하는 걸 보니
누각에 올라
너도나도 까치발을 해도
보이지 않는 낙동강
숲 사이에 빠졌다

하늘은 청명하여
강이라 착각하게 하여
숲 사이 빛깔에 반해
낙동강이라 서로 다투어 말했으나

아쉬움을 털어보려고
외길
외딴길
용화사 가는 길로 향한다
아 보인다! 저 낙동강의 반짝임

외로울 땐 함께 있어도 괄호 밖이다

며칠째 관절이 아우성칠 때
친구들을 따라
고구마를 캐러 나섰다

덩굴째
줄줄이 올라온다 해도
참을 수 없는 통증에 밀려
귀퉁이에 앉아서 줄기만 따기로 한다

이랑마다 수북수북 쌓이는
그들의 환호성에
홀로의 공간은 적적하다

갑자기 우울하고
적막해진 내 마음을 뚫어본 듯
귀뚜라미가 제법 운다

이럴 땐… ·
정말 이럴 땐 · …
한가한 구름이 노니는 청명함에
쌓이는 우울이다
외로울 땐 함께 있어도 괄호 밖이다

농부의 일기 1

텃밭에서 첫 수확한 배추포기
나의 김장을 데우고 있다
열세 포기 남짓에서
쪼개져 나온 사십여 쪽
어머니가 봤으면
손끝에 묻히지 않고 담겠다고 하셨겠지

즐거운 긴장 속에 준비가 단단하다
일곱 가지 양념을
튼실한 태양고춧가루에 버무리고
절인 배추를 헹군 물이
쭈-욱 빠질 때까지 기다렸다

마음이 간사하다
그동안 김장은 이처럼
축제가 아니고 일 그 자체였다는데

폰이
끊이지 않고 길게 불어댄다

"친구야 네 배추밭 농사는 어땠니?"
아이구야 벌써 기별이 간 모양이다
두어 쪽 양념을 맛깔스럽게 무쳐
몫으로 챙겨 두어야겠다

농부의 일기 2

사하구에서
기장 일광까지
부지런히 다녔다

배추, 파, 케일, 상추, 비트 등
빼꼼하게 심어 놓고
먹을 만큼 거두어 올 때 걸음이 바빴다
싱싱하고 풍성한 채소에다
식탁을 채울 생각에

일주일 후에야
돌아볼
텃밭을 떠올리며
성급히 기다려지는 들뜸

진짜 농부에 비하면 아무 일도 아닌데
하면서도
으쓱거려지는 어깨는

내가 거둔 결실에 대한
자랑을 숨기지 못함이며
자연인을 흉내 내는 재미에 있다

강산을 경배하다

지리산의 가을을 찾았다
자동차의 발을 빌려
노고단 뱀사골 실상사를 탐방하는
그야말로 눈인사만 스쳤다

단풍은
작년의 코로나에 묻혀
젖었던 비애를 씻고
일행들의 환호성에
밝아진 기쁨의 기운을 내뿜는다

아아
아름다운 강산

지리산의 천왕봉이 보이는
산 아래에 서서
왼쪽 가슴에 손을 얹고
경배를 드린다. 이 가을에

그대에게 나를 주문하다

강한 소나기가 온다더니
자정 가까이 우두둑 쏟아진다

혼자 오면 멋쩍은지
수시로 번쩍거리는
번개를 대동했다

놀라 달아나는 잠
잡으려 뒤척이다가
아예 깼다

골목길을 쪼르르 빠져나가는 빗소리
시를 초대하여
나를 위한
소나타를 주문하려 하지만

시는
보이지 않고
빗소리만 뉘엿뉘엿하다

욕지도

작년에
1박 2일의 민박이 있었다
파도 소리를 따라
노래를 불렀던 그 모닥불

올해도
볼 수 있으려나
추억이라는 그때 그 자리에

바다는
그때 그 자리에서
여전히 반짝이고 있다
포문이 열린
파도는 무진장 희다

선착장을 떨어져 나온
여객선의 울렁거림이 없고
물결 위의 햇살이 더욱 하얀

에메랄드빛
바다는
나의 빈 메모지를 유혹했다

소금기가 물씬 풍기며
쓰는 글 여럿

욕지도는
나를 은근히
출렁거리게 하는 매력이 있다

제4부

이별

엊그제 한 통화가 끝이었습니다
이별은 그렇게 쉬운 것일까요
마음에 남은 먹먹함
서서히 터트려지면

그땐
눈물을 어떻게 감추어야 할지
나의 첫 시집을
직접 보고 싶다 하시며
무선으로 전해 오던 기쁨의 축하
귀에 쟁쟁합니다

부디
먼 길 나서셨으니
걸음이 가볍기를 빕니다

땅끝 해남의 하늘을 바라봅니다
갇혔던 울음이 두드린
비를 뚝뚝 떨어뜨립니다

참 그런 명절

예년과 다른 추석날 풍경이 외롭다
각자 집안에서 폰으로 목소리만 청취하고
더하고자 하는 말 듣고자 하는 말 있어도
일어나지 않는 욕구

시절이 참 무심하다
언제쯤 멈출까
창밖을 밝히는 둥근달도 외롭다

눈짓과 눈짓이 멈춘
너와 나를
먹먹한 마음으로 보내는 명절이다

여행길에

무작정 버스를 탔다
코로나19 시대에 뚝 뚝 앉은
거리두기에 호젓한 여행이다

소녀 감성이 되살아나는
코스모스가 갓길에 즐비한
시골길

은빛 억새가
바람이듯 하늘거리는
들판의 울타리가 길다

닿을 듯 말 듯한
감나무 가지가 휘청거리는
가을

단풍이 익어가는
소리가
창밖에 청명하다

구석

앵글선반을 베란다에 설치했다
베란다 구석구석 늘려 있던
잡동사니가 잘 닦아져
자리를 잡았다

뻥 뚫린 구석이
넓어졌다

스트레스의 주범으로
마주치기 싫었던 그곳에
즐거운 시선이 간다

그늘에서 잘 자라는
수경식물을 꽃병에 꽂아
제자리이듯 두었다

양지가 된 음지
음지가 된 양지

구석을 숨기고 자라는
연초록 잎사귀에
어두운 그림자를 숨겼다

명절을 앞두고

오랜 염원 하나 풀듯이
시장바구니를 들고 나섰다
이것저것 눈 가는 대로
사다 넣고
돌아와
다시 장보러 나섰다
대목이라고
가끔 어깨가 부딪히기도 하고
못 봤던 이웃을 만나서
수다 대신
눈인사도 주고받고
사는 맛
시장바구니에 가득
채웠다

무제

말하기도 버거운
생일 초 개수에
표정 관리가 안 된다

코로나 시대에 알맞은 선물이라며
후배가 보내온 꽃나무
이름이 “돈나무”란다

그래, 필요하지
고개를 끄덕이면서도
씁쓰레한 마음
왠지 불편하다

어디 그뿐인가
촛불 끄기에도
큰 숨 몰아 불어야 하는 시대의 죄

주여!
저에게 평화를 주소서!

딸과 1박 2일

설날을 이틀 앞두고
아산에서 딸과 손녀가 왔다
새벽 기차의 기적을 두근거리며

작은설에 가야 하는
그들을 데리고
을숙도로 향했다

풍광이 좋은 찻집에서
노을이 보고 싶단다

시간의 파노라마가 길었다
철새 떼 날아오르는 것을
카메라에 담고 기다린
오후

노을은
무대에 서듯 올라서서
서녘을 물들이는 광경을 선물했다

찬란한 일몰의 여유로운 안녕
장식한 추억을
앨범으로 건넸다

갈대의 가을

갈대는
낙동강의 가을을 물들이고 있다
은빛 눈부신 흔들림에
강물은 더없이
계절을 즐기는 한가함에 젖어
새 떼
허공을 짚고 노는 소리가 쾌활하다
어쩌면
발아래 물이 시릴 것 같아서
안쓰럽기도 한데
부드러운 바람의 위로가 있어
강물은 강물대로 유유히 흐르고
갈대의 뿌리는 뿌리대로 깊은
가을은 갈대의 찬란한 계절이다

여름과 가을 틈

장마와 뒤엉킨 무더위
절기를 뛰어넘지 못하고
사라져 가는
8월 끝자락이다

그나마 매미의 위안이던
비 가신 한낮
매미의 울음소리로 땀을 씻었는데

엊그제부터
해거름이 지나고 나면
방충망에 붙어서 우는 귀뚜라미
들어오는 바람이 썰렁하다

여름과 가을이 중첩된
속에서
계절의 이별과 만남을 행해야 하는

나는
떠나는 것은 떠나보내고
가을 외출을 준비한다

염색하는 날

염색하는 날
미용실 자가 운영한다고 했더니
의아해하던 친구
다시 전화가 왔다
무슨 말?
이러쿵저러쿵했더니

이제 예사로 볼 사람이 아니란다
염색 한번
집에서 했다가 난장판? 했다나?

처음부터
능숙하게 하게 된 것은 아니다
수번의 실패 끝에
홀로서기가 된
머리에 물들이는 시간
폰도 진동모드로 돌려놓고
몰입한다

집중

새로운 것을
배운다는 것은
긴장이다
하루가 팽팽하게 지나간다

두꺼운 책을 펼쳐 본다
요양 관리에 대한
대안이 집중되어 있다
긴장을 배우고자
함께 하는
사람들의 웃음이 부드럽다

제5부

특효

생소금물 먹고
물을 켠다더니
그것도 시대에 따라
다른가 보다

일어나자마자
오백CC 정도의
소금물을 먹는 생활습관을
삼 개월째 하고 있다

삼 년 전에 입었던
바지가 쑤욱 들어가고
탱탱했던 원피스가 살이 쪽 빠졌다

천일염의 효과인지
마음의 작용인지
따질 바 아니지만
없어진 뱃살로
삶이 통통하게 살쪘다

주말 농장

밭에 같이 가는
친구가 생겼다
서쪽에서 동쪽 끝으로 가는 일이라
시간이 제법 걸렸는데
동행하면서
이런저런 이야기를 주고받다 보면
장거리가 단거리로 탈바꿈한다

사는 일이란
이처럼
눈 구르듯이 굴러가며 커지는
기쁨이 흔하지 않겠지만
사는 동안
만나는 일이라면
기대하며
살 만하겠다 싶다

친구도 그럴까
괜히 물어봐서
화를 만들지 않을까
친구는 친구대로
주말을 할애하며 참여하고 있으니
주말 농장은
주말마다 경사다

모녀를 닮은 달력

달력을 고를 때
숫자가 큰 것을 선택한다
친정어머니가 그랬다

달력 안에
숫자만 있어야겠지만
학창시절엔
그런 달력을 마루 기둥에 걸어두는
어머니가 불편했다
속으로 촌스럽게 엄마는…

그랬던 내가
이제는 풍경도 없는
숫자만 큰 달력을
거실 벽
그것도 가운데 턱 걸어두고 있다

무엇을 챙겨야 될 일이
많아지고부터…

사소한 일이지만
자꾸 친정어머니를 닮아가는 것이
많아지는 나

흉보면서 배운다더니
내가 그렇다
그리움에서 자란
흉보기 달력
2024년을 기다리고 있다

깜박등

메모하지 않으면
부지기수로 잊는 것이 많다

형광등을 갈아야 할 때
깜빡거리는 불빛처럼

아이구야, 아이구야
연발이다

깜박, 깜박거리는
횟수를 줄이는 수밖에

생각은 깊게
행동은 천천히

변곡점

늦더위가 물러가는 때
후두-둑
지나쳐 가는 소낙비
여름의 꽁무니를 쫓고 있다

훅
쳐들어오는 습기가 습할지라도
맞바람이 들어올
창문을 열어젖히고

사라진
매미의 울음 흔적에
비석을 세우는
폭염의 잔주름

소낙비는
다시 되돌아와
아스팔트 위 회색 여름을
훑어가고 있다

이야기 나들이

오륜대 둘레길에
여고 친구들이 모였다

소녀티를 숨기지 않은
적당한 간격으로 발을 뗐다

회동저수지를 빵 둘러보는
추운 겨울 날씨에 홍조 띠
세월이 오래 머문다

한 해가 지나가는
12월 중순의 햇살에 어깨를 덮고
아롱다롱 이야기 나들이가 즐겁다

손자와 손녀에게

날아라!
나비야

행복하게
날아라!

날아라!
행복하게

사랑하며
살아라!

배냇골의 노트

여름을 식히려
주암계곡을 찾아 나섰다

우거진 녹음 속으로
줄을 이어가는 동안에
빗물처럼 흘러내리는
땀방울을 훔쳐가면서
계곡을 향해 긴 여정 끝에 도착했다

고생 끝에 낙이 있다는
어머니의 말씀이 생각났다
더위의 맹위가 한순간에 사라지며
행복이라는 시간을 만끽한다

준비한 음식을 녹음 속에 펴 놓고
담소와 함께 먹는 행복에
흐르는 물은 줄기차게
노래를 부른다

호사다마라고 할까
물놀이를 하려는 순간 빗방울이 하나, 둘 …
세어보기도 전에 굵어져서
분주하게 하는 비설거지
마치 곤두박질하는 계절의
폭우를 만난 하루

빗물은 계곡의 수위를 금방 올려
서둘러 나왔으나
한순간의 행복은 아름다운 추억의 노트를 쓰고 있다

교량 건설

무릎 통증이
비가 축축이 오는 날
날 잡아서 전해진다
쑤신다고 하면
기상통보라고 웃던 친구들도
요즘은
같은 통증을 호소한다

먼저 해서 좋은 건 없지만
그래도 예방차원에서
이러쿵저러쿵 예방법을 전한다

마치 노후된 다리를
새로 건설하는 것처럼
그런저런 일들도
비 오는 날
한바탕 웃게 하는 친구들

오늘은
밀가루 반죽을 해서
파를 듬뿍듬뿍 썰고
해물을 넣고 전이나 구워 먹자고 해야겠다

여름 입맛

여름 양식 중에
고추다대기는 순위 첫 번째다, 나에겐

국수 말아 먹을 때
한 숟갈 얹어 먹으면
매콤한 맛에 더위를 잊고
밥맛이 없을 때
쌀밥에나 보리밥에 비벼 먹으면
살아나는 입맛
그 기억으로
여름만 들어서면
여름을 장만하듯 고추다대기를 만든다
쌈장으로 또
한입 돋우는 여름 밥상은
맵다, 맵다 하면서
그 매운 것 없으면
싱거운 여름 밥상이다

선풍기

가을이 성큼 들어서면
선풍기 먼지부터 눈에 띈다

고정시킨 레버를 풀고
본격적으로 시작했다

날개가 돌아갈 때 잡아둔
먼지가 쌓였다

구문 위에다
신문을 깔고

누렇게 빛바랜
선풍기 날개를 반짝반짝 닦는다

여름놀이

지열이 아스팔트에 모락모락
아지랑이처럼 아른거린다

에어컨의 냉기를
바깥으로 빼려다
얼른 창문을 닫고

냉커피 한 잔 끝에 남은
얼음 한 조각을
다시 물에 띄운다

크리스탈 장식 잔을
빠져나오는
냉기가 목젖으로 흐르고

커피 향기로
커피나무를 심는 열
이열치열이다

| 평론 |

공간으로 자연과의 결합을 직조하다

박미정 | 시인·평론가

1

시에서 공간은 자연물을 발견하는 것이 기초가 되어 현존하는 서정성의 실재를 깨닫게 한다. 그 과정에서 자연물은 인간의 거주 공간과 결합됨으로 인해 새로운 시적 의미를 확보한다. 그러므로 시인의 서정성이 자연과의 결합을 통해 궁극적으로 주체가 지향하는 근원적인 세계로 나아가게 되는 것이다.

2

금다혜의 시에서 공간적인 측면으로서의 인식으로 보면 어떠한 공간이든 공간을 단순하게 바라보지 않고 대상을 통해 존재론적 인식을 확보한다. 즉 시인의 존재 방식은 자연물과 인간의 결합 방식을 통해 간격을 좁혀 나가며 대상으로서의 가치를 발견하게 된다. 이러한 방식은 그만의 시적 방법을 구축한다.

강한 소나기가 온다더니
자정 가까이 우두둑 쏟아졌다

혼자 오면 멋쩍은지
수시로 번쩍거리는
번개를 대동했다

놀라 달아나는 잠
잡으려 뒤척이다가
아예 깼다

골목길을 쪼르르 빠져나가는 빗소리
시를 초대하여
나를 위한
소나타를 주문하려 하지만

시는
보이지 않고
빗소리만 뉘엿뉘엿하다

—「그대에게 나를 주문하다」 전문

이 시에서 서정은 공간의 이미지를 통해 한곳으로 모아지고 있다. 살펴보면 청각적인 효과가 상당 부분

드러나 있는 공간에서 자연물 소리의 움직임은 '잠'을 깨우는 정적인 효과를 유발한다. 〈그대=시〉라고 시를 의인화하여 자연과 경합하려는 의지를 보이고 있다. 하지만 다른 한편에서는 공간에 대한 비판의식이 형상화되고 있다. "이랑마다 수북수북 쌓이는/ 그들의 환호성에/ 홀로의 공간은 적적하다// 갑자기 우울하고/ 적막해진 내 마음을 뚫어본 듯 / 귀뚜라미가 제법 운다// 이럴 땐…/ 정말 이럴 땐…/ 한가한 구름이 노니는 청명함에/ 쌓이는 우울이다/ 외로울 땐 함께 있어도 괄호 밖이다"(「외로울 땐 함께 있어도 괄호 밖이다」 일부)에서 보여주는 공간의 실상은 체험적 사실을 〈적적하다〉 〈우울이다〉와 같은 시어에서 표상되는 자연물과의 결합을 원하는 것보다 '홀로'의 내면자리를 절실하게 나타냄으로써 자연의 소리와 조화를 구축하지 못하고 인간이라는 대상에만 한정되고 있음을 드러낸다. "카페에서/ 그대와 마시는/ 커피가 쓰다// 달달한 맛을 원하는 것은 아니지만/ 원액의 쓴맛은/ 달콤함을 들고 달아났다// 서로 이해하는 도수가 맞지 않는 날/ 커피 잔을 식히는 대화는/ 차가운 침묵이다"(「시의 변수」 전문) 시인이 현실적 국면의 체험으로 전환하는 공간이동의 장소에는 자연물을 배격한다. 공간과 결합됨으로써 새로운 의미를 확보하고자 하였으나 대화의 일체화를 구축하지 못함을 웅변하는 '차가운 침묵'의 자구적인 현상이 변용된다. 구체적인 사물과 공간의 접촉을 통해 정적인 효과를 유발하려는 시인의 순수한 의지는 다음 시에서 찾을 수 있다. "텃밭에서/ 한 해 농사는 그럭저럭했다/ 수시로/ 김칫거리 배추를 뽑았고/ 반찬거리 겨울초도 그럭저럭했다// 가까운 이웃과 가끔 나누고/ 상추 소쿠리가 넘칠 때/ 쌈장 만들어 또 나누고/ 내가 나눌 수 있는 / 작은 것 그것만/ 적당히/ 있어도/ 참 살맛 난다/ 올해 텃밭 농사에"(「적당히」 전문) 각 행의 표현법을 자세히 살펴보면 대상과 공유하는 방식을 통해 간격을 좁혀 나가고 있다. 텃밭에서 인간과 함께 공유하는 대상으로서의 가치를 발견하게 되는 메시지가 배어 있다.

노베르그 슐츠에 의하면, 모든 공간은 방향성(direction)을 갖춤으로써 실존적 특성을 나타낸다고 하였다. 「냉담이 끝나다」에서는 하나의 공간을 넘어서서 〈나의 집으로 가는 길〉이라는 새로운 이미지를 재생하면서 깨달음을 동반한다.

돌아가는 것은
직진하는 것보다 어렵다

액셀을 신나게 밟다가
브레이크를 밟는 그 순간을 놓친 후
냉담한 시간이 길었다

나의 집으로 가는 길
때로는 낯설기도 하다
왜?
나의 집으로 가는 길인데?

그대 곁으로 가는 길은
언제나 열려 있었는데
외면한 적 없이 항상 열어 둔
나의 집으로 가는 길
왜 이렇게 늦었을까

그대 곁으로 이제는 돌아가리라
고해성사를 하러 나가는 마음
천사의 길이라 말해 주는
성당의 종소리가 깊게 울린다

—「냉담이 끝나다」 전문

「냉담이 끝나다」는 '집'과 결부되어 있다. '집'이라는 공간의 상징성을 드러냄으로써 그 이상의 깊고 소중한 상징적 의미를 부여한다. 〈왜?〉〈나의 집으로 가는 길인데?〉 라는 독백은 '냉담'이라는 과거의 시간이 길었음에 대한 자기 각성의 환기작용이 불러일으키는 반사의 예로 꼽을 만하다. 일종의 과거의 모습에 대한 콤플렉스를 털어내고자 하는 심리상태를 드러냈다고 하겠다. 그러면서 스스로 "나의 집으로 가는 길/ 왜 이렇게 늦었을까"의 자조적인 목소리는 나를 발견하는 것으로 연결되는 것이다. 즉 존재의 의미를 확보하고자 하는, 자아의 모습을 드러내고자 하는 중심에 '집'이 있다는 것에 주목한다. "휴대폰을 분실하면/ 마치 집으로 가는 길을/ 잃은 것처럼 허둥대기 십상이다// 을숙도 공원에서 산책하다가/ 풀섶에 박힌/ 폰 하나 / 주인을 찾지 못해 잠시 보관했다// 울리는 폰/ 부리나케 받았더니/ 마침 가까운 이웃이다// 허리를 구십 도까지 꺾는 어르신의 행동에/ 당황한 나의 허리도/ 엉겁결에 직각으로 꺾였다// 그는 폰을 받자마자/ 귀한 자식을 쓰다듬듯 이리저리/ 쓰다듬으며 긴장을 놓았다// 남의 일 같지 않아서/ 울컥한 마음은/ 가볍게 돌아가는 뒷모습에도// 며칠 동안 표현할 수 없는/ 슬픔이 되어/ 아렸다"(「집으로 가는 길」 전문)에서 '집'은 알레고리로서의 성격을 지닌다. 원천적으로 집으로 가는 길을 잃어버리면 안 되는 것임에도 잃어버릴 수 있다는 냉혹한 현실을 풍자하여 현실에 대한 냉소적 인식이 드러나는 부분이다. 물론 그 원인을 제공한 휴대폰의 분실이 불안을 제공하였지만 시인의 의식은 소중한 공간의 의미로서의 '집'을 이미지로 그려낸다. "출렁거릴 때마다/ 삶의 관절이 표정을 찡그리며/ 통증을 호소한다// 갈매기의 날개라도 빌리고 싶다/ 흔들림에 적응하고 살던/ 삶의 무지개가 있는 저기 저 다리 끝 넘어// 가야 한다/ 가야 한다/ 어지러운 멀미를 참아내고"(「보다, 그리운 삶」 부분)를 보면서 독자는 드러내지 않은 '집'을 유추한다. 시란 다른 세계를 살아 있는 것같이 묘사할 뿐만 아니라, 우리가 그것을 탐색해야 한다는 것을 강조하는 것이라 할 때, 독자의 환기력은 모든 영역을 통합하면서 나아가야 하기 때문이다. "삶의 무지개가 있는 저기 저 다리 끝 넘어"라고 하여 관절의 통증으로 인해 거리 감각이 먼 다른 집으로 가는 길이 아닌가 여겨지며 공간화, 형상화의 세련미가 나타나고 있다.

말하기도 버거운
생일 초 개수에
표정 관리가 안 된다

코로나 시대에 알맞은 선물이라며
후배가 보내온 꽃나무
이름이 '돈나무'란다

그래, 필요하지
고개를 끄덕이면서도
씁쓰레한 마음
왠지 불편하다

어디 그뿐인가
촛불 끄기에도
큰 숨 몰아 불어야 하는 시대의 죄

주여!
저에게 평화를 주소서!

—「무제」 전문

생일의 정황을 이야기하고 있는 이 시는 시인의 심리적 굴절을 묘하게 표상하고 있다. 코로나 시대와 돈나무로 이어지는 상처와 환기는 무거운 흐름을 형성했다. "큰 숨 몰아 불어야 하는 시대의 죄"에서 자신의 고뇌와 시대의 비극성이 강하게 내포되어 현실성을 직설적으로 제시했다. 그러나 독자적인 체질로 "주여!/ 저에게 평화를 주소서!"를 취한 기도의 형식은 극적이다. 그리고 간절히 이루어지기를 염원하는 진한 의미를 전달하고 있다.

3

아침 시간에
적당하게 물든
흰 머리카락을 날려도 아름다운
사람들이 모였다

걷기라도 하자 한
약속을 빗방울이 먼저
눈치챘다

발걸음 쫓기는 형색에 몰려
그늘 집 아래로 모여든 사람들
서로
 비에 젖은 어깨를 털어주며

무례한 빗줄기가
설마
즐기는 담소까지 훼방 놓지 않겠지

기대를 알아챈 듯 걷히는
빗방울
피아노 건반을 두드린다

—「담소의 낭만」 전문

위의 시는 5연 21행으로 짜여졌다. 1연에서 "흰 머리카락을 날려도 아름다운/ 사람들이 모였다"는 단일한 정서적 태도가 질서화 되는 것과 무관하지 않다. 2연에서 "걷기라도 하자 한/ 약속을 빗방울이 먼저/ 눈치챘다"의 지극히 보편적인 상상력에 근거한 표현이지만 우연이 아닐 것이라는 의미를 전제한다. 3연에서 "서로/ 비에 젖은 어깨를 털어주며"라는 동작이 안으로 응축되는 배려는 인간이 상실한 휴머니티를 회복하고자 하는 노력을 시사하고 있다. 4연에서 "무례한 빗줄기가/ 설마/ 즐기는 담소까지 훼방 놓지 않겠지"는 비로 인해 걷기를 멈출 수밖에 없음이 함축되어 있다. 5연에서 "기대를 알아챈 듯 걷히는/ 빗방울/ 피아노 건반을 두드린다"에서 자연과의 일체감을 표현하고 있는 것에 진중한 모임의 공간에 대한 적절한 비유가 된다. "새벽보다/ 먼저/ 을숙도에 닿았다// 키 작은 바람/ 수풀 위에서/ 이슬로 또르르 구르고// 지저귀는 새/ 분주한 날갯짓/ 허공을 가르고 있다// 사는 일이란/ 이처럼 조용하지 않는데/ 그저 강물처럼 흐르며 살고 싶다"(「강물처럼 흐르며 살고 싶다」 전문)는 을숙도와 더불어 살아온 생리를 터득한 사람만이 가지고 있는 체험적 상상력을 표상하고 있다는 점이 관심을 끈다. "내려앉은 물안개가/ 몽환적 상상의 세계로 이끈다// 마치 신세계의 꿈을 꾸는 듯한/ 거미줄 안의/ 거미 한 마리/ 간밤에 맺힌 이슬방울에/ 통째로 반짝인다// 낙동강이/ 하얀 낯을 드러내기까지/ 아침은/ 햇살을 나뭇가지로 밀어내고 // 촉촉이 내린/ 이슬이 떠나기까지//물안개는 서서히 옷을 말리고/ 거미는/ 집을 짓는다"(「거미」 전문)에서 "물안개는 서서히 옷을 말리고/ 거미는/ 집을 짓는다"는 낙동강을 둘러싸고 있는 자연의 생리를 리얼하게 그리고 있다. '거미'는 상황에 대한 알레고리로서 기능하는 양상이 매우 도식적으로 드러나고 있다.

앵글선반을 베란다에 설치했다
베란다 구석구석 늘려 있던
잡동사니가 잘 닦아져

자리를 잡았다

뻥 뚫린 구석이
넓어졌다

스트레스의 주범으로
마주치기 싫었던 그곳에
즐거운 시선이 간다

그늘에서 잘 자라는
수경식물을 꽃병에 꽂아
제자리이듯 두었다

양지가 된 음지
음지가 된 양지

구석을 숨기고 자라는
연초록 잎사귀에
어두운 그림자를 숨겼다

—「구석」 전문

「구석」은 층위의 구성이 다양하다. 구석이긴 하나 안전한 공간으로 들어가는 자아의 모습을 흔들리지 않는 안정적이며 견고한 것으로 확보하려는 의도를 보이고 있다. 그것은 '구석'은 폐쇄적인 공간임에도 불구하고 안정적이고 견고한 것으로 확보하려는 것일 때, 시인의 욕망이 드러나고 있다는 점에서 주목된다. 스트레스의 주범으로부터 탈피하게 하는 시선은 결국 '숨겼다'는 점에서 고립에의 욕망으로 보이지만 오히려 자유롭다는 점을 눈여겨볼 필요가 있다.

4

설날을 이틀 앞두고
아산에서 딸과 손녀가 왔다
새벽 기차의 기적을 두근거리며

작은설에 가야 하는
그들을 데리고
을숙도로 향했다

풍광이 좋은 찻집에서
노을이 보고 싶단다

시간의 파노라마가 길었다
철새 떼 날아오르는 것을
카메라에 담고 기다린
오후

노을은
무대에 서듯 올라서서
서녘을 물들이는 광경을 선물했다

찬란한 일몰의 여유로운 안녕
장식한 추억을
앨범으로 건넸다

—「딸과 1박 2일」 전문

위의 시에서 "새벽 기차의 기적을 두근거리며"에서 보듯이 서정의 파장이 설렘과 기다림의 의식 속으로 새로운 서정을 환기시키고 있다. 을숙도에 가면 풍광이 좋은 찻집이 있고, 거기에는 참새 떼 날아오르는 광경과 노을을 볼 수 있는 공간이 있어, 그 공간은 단순한 공간이 아니라 유토피아적 공간이라고 할 수 있다. "찬란한 일몰의 여유로운 안녕"은 자연으로부터 충일된 사생활(privacy)의 욕망을 드러내어 명절을 앞둔 또 다른 풍경이 된다. 다음 시에서 우리 명절 전통에서 친밀함의 상징 격이었던 시장에서 명절을 앞둔 분위기를 짐작할 수 있다. "오랜 염원 하나 풀듯이/ 시장바구니를 들고 나섰다/ 이것저것 눈 가는 대로/ 사다 넣고/ 돌아와/ 다시 장보러 나섰다/ 대목이라고/ 가끔 어깨가 부딪히기도 하고/ 못 봤던 이웃을 만나서/ 수다 대신/ 눈인사도 주고받고/ 사는 맛/ 시장바구니에 가득/ 채웠다"(「명절을 앞두고」 전문)에서 "사는 맛"의 장면을 펼쳐 보임으로써 명절을 앞두고 사는 맛의 의미를 부과하는 일면을 찾을 수 있다.

다음 시 네 편을 통해 서정의 파장을 다시 읽어 볼 수 있겠다.

① 봄빛/ 걷는 길// 함께하는/너와 나// 까르르/ 피는 웃음길// 청춘의 향기/ 여기에 있다

—「벚꽃 길」 전문

② 방충망에 발바닥을 딱 붙이고/ 허공을 대고 운다// 장마가 끝난/ 하루의 뒤안/ 급하게 오른 열대야가/ 뜨겁다// 울어서 시원하면/ 울어야지/ 달구어야 하면/ 달구어야지// 책을 읽기도/ 음악을 듣기도/ 안절부절못하게 하는 폭염이지만// 여름이/ 그래야지/ 제대로 사는 게지

—「여름이 사는 법」 전문

③ 이름을 몰라서/ 불러주지 못하는/ 가을꽃 손짓에 언덕을 올랐다// 높아진 하늘의 품은 넓어져/ 구름을 한껏 띄우고/ 바람은 옷깃으로 단풍을 물들인다// 유난히 가을에 젖어든/ 강물의 언덕에서/ 그리움 내려앉는 서녘이 되어/ 뉘엿뉘엿 기우는/ 해를 멀리하고// 홀로/ 사색을 읽는/ 가을 언덕/ 단순하고 행복하다

—「가을 느낌」 전문

④ 바깥은 눈이 오려는지/ 잔뜩 찌푸리고 있다// 커피 한 잔으로/ 마음속 벽난로에 불을 지핀다// 낡은 흑백 사진 서너 장/ 컬러 사진보다 앞선/ 세월을

말하는/ 시간이 아련하다// 추억은 아득한 시간을/ 시위를 떠난 화살처럼/ 날아들게 한다// 눈이 내린다/ 조금조금 소리 없이 창밖을 울린다

– 「사진 속의 길을 걸으며」 전문

이들 시편들의 한결같은 흐름은 단일한 정서적 태도, 한순간의 직관적 세계인식이나 정신적 활동이 직접 제시되는 단시(short poem)이다. 그리고 사계절 공간의 대비를 두드러지게 보여주고 공간의 형식을 빌려 자연과 같은 흐름을 이루었다. ①에서 "청춘의 향기/ 여기에 있다"라고 하여 봄의 충만을 부각시키고 있다면, ②에서 "달구어야 하면/ 달구어야지"라고 하여 현실을 억압하지 않고 욕망을 분출시키는 삶의 인식을 기반하고 있다. ③에서 "홀로/ 사색을 읽는/ 가을 언덕/ 단순하고 행복하다"의 서정은 안온하고 부드러우며, 자유로운 상상력이 두드러진다. ④에서는 '시간'을 향한다. 시간은 회상의 기억이지만 여기에서 삶을 자연의 동적인 흐름을 통해 함축하고 있다. 이처럼 사계절을 통해 비추어지는 정서는 자연을 바탕으로 하고 있음을 알 것 같다.

냉동실을 점검한다
금세 만들 거라고 밀어 두고
잊고 있었던 것들이 빼꼼하다

수시로
관심이 드나든 냉장실과
한 뼘 차이

그러나 너무나
낯 다른 두 공간을 보며
나의 현재를 돌아봤다

관심의 차이가
거리의 차이를 극복하지 못하여
나에게서 사라진 것들이
얼마나 많은지

오래 잊고 있었던
친구에서
폰을 누른다. 한 뼘 차이도 아닌
손끝의 소원함에서
우리 사이가 너무 멀어졌다

—「한 뼘 차이」 전문

'한 뼘 차이'는 가깝다보다 멀다의 한계를 냉정하게 인식하고 있는 스스로에 대한 자조自嘲의 방식이기도 하다. 냉장고의 냉동실과 냉장실의 거리가 멀면 얼마나 멀다고 비판적·부정적으로 바라보며 두 공간이 분명하게 구별되는 공간으로 나타난다. 그것은 관심의 차이에서 일어난 현상이며 제시되는 사라진 것들이 열린 공간의 구조로 순환하는 “폰을 누른다”에서 의미론적 구조가 보인다. ‘한 뼘 차이’의 공간은 폐쇄적인 구조 속에서의 차이를 발견함으로써 시야를 확장한다. 그리고 또 다시 새로운 지평이 펼쳐지게 된다는 점에 있다.

5

금다혜 시인은 공간의 일상성에서 자연스럽게 자연과 인간을 언급하면서 시의 이미지를 직조하고 있다. 이러한 공간의식은 보편적 상상력에서 진정한 의미맥락을 지니고 있어 독자가 공감을 이끌어 내고 있다. 시인의 이러한 노력의 순수한 의지가 극명하게 나타나고 있는 공간의식은 자아의 세계를 구축하려는 데에 있다고 볼 수 있다. 공간 형태에 따라 다른 재현에 있어 다소 매끄럽지 못한 결함은 결여라기보다는 앞으로의 가능성이며 발전의 영역이 아닐까.